SYLLABAIRE

A L'USAGE

DES ÉCOLES DE SOURDS-MUETS

F. CAMAILHAC

DIRECTEUR DE L'ÉCOLE DE SOURDS-MUETS DE LIMOGES

SYLLABAIRE

A L'USAGE

DES ÉCOLES DE SOURDS-MUETS

Précédé d'une préface par **L. GOGUILLOT**

PROFESSEUR A L'INSTITUTION NATIONALE DES SOURDS-MUETS DE PARIS

PARIS

GEORGES CARRÉ, ÉDITEUR

58, RUE SAINT-ANDRÉ-DES-ARTS, 58

1889

ALPHABET MAJUSCULE ET MINUSCULE

A B C D E

a b c d e

F G H I J

f g h i j

K L M N O

k l m n o

P Q R S T

p q r s t

U V X Y Z

u v x y z

TABLEAU SYNOPTIQUE DES SONS

SONS Gutturaux	SONS Nasaux	SONS linguo-palatins	SONS Nasaux	SONS labio-linguo-palatins	SONS Nasaux
a____an		è		e	
			in		un
o____on		é		eu	
ou		i		u	

TABLEAU SYNOPTIQUE DES ARTICULATIONS

ARTICULATIONS	EXPLOSIVES		SIFFLANTES		NASALES
	Muettes	Sonores	Muettes	Sonores	
Labiales	p	b	f	v	m
Dentales	t	d	s	z	n
Palatales	»	»	ch	j	gn
Linguales	»	l	»	r	»
Gutturales	c	g	»	»	»

PRÉFACE

« La lecture à haute voix et, par suite, la connaissance des caractères typographiques est une question qui s'impose. C'est pour les étrangers qui visitent nos classes, pour les parents et pour le professeur lui-même un précieux moyen de contrôle. Quels sont les moyens à employer pour atteindre notre but? Y a-t-il de nouveaux exercices à faire pour cela? »

La réponse à cette question, que posait un jour devant nous M. le Dr Peyron, réside dans la confection d'un syllabaire ou de tableaux de syllabation appropriés à notre enseignement spécial, c'est-à-dire disposés comme doivent l'être des tableaux destinés à des enfants non encore en possession d'un langage articulé complet.

Est-ce parce que les tableaux de syllabation publiés jusqu'à ce jour ont paru insuffisamment adaptés à notre enseignement qu'un certain nombre de maîtres sont peu partisans de leur emploi? C'est probable, mais il serait injuste, croyons-nous, de se hâter de condamner le principe et de déclarer que le seul livre à mettre sous les yeux de l'élève c'est la bouche du maître. Certes ce dernier est le meilleur, mais les livres destinés à fixer ce qui est sorti de la bouche du maître, et autant que possible dans l'ordre que celui-ci a suivi, sont d'un secours indispensable, en matière de syllabation, aussi bien qu'en matière d'histoire ou de toute autre branche de la science.

On conçoit facilement que les tableaux à l'usage des entendants-parlants ne puissent nous être utiles. La pensée qui a présidé à leur confection est tout juste l'opposée de celle qui doit guider les auteurs de tableaux à l'usage des sourds-parlants.

Les premiers procèdent par décomposition et nous procédons par reconstitution.

Ils s'attachent à séparer les syllabes pour habituer leurs élèves à les prononcer toutes clairement et nous nous efforçons de les réunir au plus tôt de peur que nos élèves s'attardent trop sur chacune. Ils ont à lutter contre la tendance bien connue des jeunes écoliers à courir vers la fin de la phrase sans respirer aux endroits convenables, et nous avons à combattre le défaut exactement contraire d'enfants qui respireraient trop souvent si nous n'y prenions garde.

D'ailleurs, il faut être au courant des difficultés organiques particulières que présente l'acquisition de chaque son, pour pouvoir dresser une échelle logiquement graduée des éléments de la parole. C'est parce que les instituteurs d'enfants entendants n'ont pas fait, comme nous, une étude particulière de ces difficultés, que les tableaux dressés par eux ne sauraient être employés avec profit dans notre enseignement.

Pour nous seconder utilement, les tableaux dont

nous nous servirons doivent être, en quelque sorte, l'écho des leçons de parole.

Quand un son a été enseigné à un élève et qu'il l'articule bien, nous donnons à celui-ci la représentation graphique de ce son. Beaucoup de maîtres se contentent de la lui donner en écriture anglaise. J'estime, pour ma part, qu'il n'y a pas le moindre inconvénient, qu'il y a même avantage, à lui montrer aussi la représentation typographique du même son.

A chaque nouvel élément d'articulation acquis par l'élève, nous mettrons donc sous ses yeux la représentation écrite de cet élément, — écriture anglaise et caractère typographique juxtaposés, — et nous lui apprendrons à reconnaître chacun de ces éléments entre tous ceux qui pourront figurer auprès de lui sur le même tableau.

Après quelques tableaux où paraîtront d'abord, des sons isolés, puis des syllabes simples et directes formées des articulations les plus faciles à acquérir pour le sourd-muet (*pa*, *ta*, *fa*), viendront ensuite des tableaux contenant des syllabes complexes et inverses, enfin des agglomérations de syllabes formant des mots.

Aussitôt que nous pourrons, avec les sons et articulations connus de nos élèves, former des mots qui figurent dans le vocabulaire français, nous nous empresserons de les montrer à nos jeunes sourds pour qu'ils apprennent à bien articuler des mots qu'ils seront exposés à rencontrer plus tard dans les livres et pour habituer leur œil à la physionomie graphique particulière à chacun de ces mots.

Dès les premières leçons, nous pourrons faire passer sous les yeux de nos élèves un certain nombre de vocables ayant un sens déterminé dans notre langue, tels que : *papa, chat, pacha, sac, tasse; eau, pot, faux, seau, poteau, château, chapeau; sofa, loto, cachot, copeau,* etc. etc. Remarquez que, dans la composition des mots que je viens de citer, n'entrent que des éléments faciles à enseigner, et par lesquels la plupart des maîtres sont d'accord de commencer; ce sont : les consonnes explosives *p, t, k;* les sifflantes *f, s, ch;* et les deux sons *a, o.*

Les éléments nouveaux qui viendront s'ajouter tous les jours à ceux-ci nous fourniront successivement un plus grand nombre de combinaisons possibles et nous permettront de faire lire à nos élèves une quantité de plus en plus considérable de mots existants dans notre langue.

Il viendra un moment où quinze éléments enseignés nous suffiront pour composer plus de cent cinquante mots.

C'est à ce moment que je trouve de plus en plus utiles les tableaux de lecture.

En effet, puisque l'élève a en lui les moyens de prononcer convenablement ces cent cinquante mots, je crois bon de lui en faire connaître la plus grande partie, sinon tous, à titre d'exercice de vocalisation bien entendu. Il n'est pas question de leur en donner le sens.

Or, si l'on ne met pas d'avance entre les mains du professeur des tableaux où il trouvera ces combinaisons toutes faites, il ne lui est pas facile de les avoir présentes à l'esprit à la minute précise où il en aura besoin. Si vous l'obligez à des recherches que des tableaux pourraient lui éviter, vous lui occasionnerez une perte de temps et une peine parfaitement inutiles à dépenser.

Ce qui est vrai, alors qu'il ne s'agit encore que de quinze éléments pouvant nous fournir cent cinquante mots à faire lire, devient de plus en plus évident quand nous nous trouvons en présence de vingt ou trente éléments qui suffisent à former, par de multiples combinaisons, plusieurs milliers de mots.

Que ce chiffre n'épouvante pas nos confrères, je n'émets pas la ridicule prétention de faire défiler tout le vocabulaire français sous les yeux de nos écoliers.

Mais j'estime qu'on peut leur faire connaître, toujours à titre d'exercice de vocalisation, une grande quantité de mots qu'ils reconnaîtront aussitôt qu'ils les rencontreront dans un texte, et qu'ils articuleront avec plus de sûreté.

Plus, dans un texte, la proportion de mots déjà connus de l'élève sera forte, et moins nous verrons se produire de ces hésitations, de ces arrêts brusques, de ces heurts répétés sur une même syllabe, qui rendent si inintelligibles nos sourds-parlants lorsqu'ils essayent de lire dans un livre.

En préparant un tel résultat, nous nous serons beaucoup rapprochés du but à atteindre, qui est d'obtenir de nos élèves une lecture courante, facile et intelligible pour tout auditeur non familiarisé avec leurs défauts particuliers d'articulation. Car tout jeune sourd qui commence à parler, surtout s'il est né sourd ou devenu tel de très bonne heure, tombe inévitablement dans certains défauts que nous allons passer en revue et que les exercices particuliers parviendront seuls à faire disparaître. Quand on se propose d'enseigner la parole articulée au sourd-muet, il ne suffit pas de lui apprendre à bien émettre chaque son séparément, à bien articuler chaque consonne, il faut surtout l'exercer à bien associer ces éléments entre eux. C'est le but des exercices de syllabation.

Le professeur qui n'a pas fait de la syllabation méthodiquement, en passant en revue les diverses formes de syllabes pour rompre son élève aux déformations que subissent tels éléments mis en contact de tels autres, s'expose à se heurter plus tard à des défauts de prononciation qui lui seront d'autant plus difficiles à corriger qu'il devra les corriger tous à la fois et que l'élève aura pris une longue habitude de ces défauts.

Nous avons entendu très souvent des confrères en démutisation s'étonner de ce que la parole de leurs élèves fût moins intelligible en quatrième ou en cinquième année qu'en première. Et cependant, quand ils faisaient articuler séparément chaque son, pour voir où était le défaut, chaque son sortait pur et net. Chaque partie étant très bonne, mettons parfaite, ils ne s'expliquaient pas que le tout ne le fût pas aussi. Ils y perdaient leur latin et oubliaient cette observation d'Horace :

« Quia ponere totum nesciet, infelix operis summa. »

Chaque détail a beau être parfait, l'ensemble peut être mauvais faute d'avoir su associer les parties entre elles et les fondre dans un tout harmonieux.

C'est qu'il a y des règles à observer dans la liaison des sons, dans la liaison des syllabes, dans la liaison des mots, dans la liaison des propositions, dont ils ont négligé de tenir le compte important qu'il faut en tenir.

Nous ne voulons nous occuper pour l'instant que de la liaison des sons et de la liaison des syllabes qui entrent seules dans le cadre de cette préface.

Citons des exemples :

L'élève prononce :

1° *p*ᴇ*ou* pour *pou*, *p*ᴇ*i* pour *pi*, etc. ;

2° *oup*ᴀ pour *oup*, *ip*ᴇ pour *ip* ;

3° *tou*ᴀ*tou* pour *toutou*, *ti*ᴀ*ti*ᴀ pour *titi* ;

4° *pot*ᴀ*o* pour *poteau*, *cout*ᴀ*o* pour *couteau*;

5° *pou*ᴀ*p* pour *poup*, *pi*ᴇ*p* pour *pip* ;

6° *je*ᴇ*té* pour *jeté*, *o*ᴀ*pa* pour *opa* ;

7° ᴊᴇ*pa* pour *spa*, *s*ᴇ*ti* pour *sti* ;

8° *so*ᴀ*ldat* pour *soldat*, *vo*ᴀ*lga* pour *volga* ;

9° *i*ᴀ*o* pour *io*, *i*ᴇ*ou* pour *iou* ;

10° *pi-oupi-ou* pour *pioupiou*, etc.

Ces exemples correspondent aux dix catégories de syllabes que nous allons étudier successivement :

1° Syllabe simple où la consonne précède la voyelle ;

2° Syllabe simple où la voyelle précède la consonne ;

3° Syllabe simple répétée ;

4° Groupes syllabiques composés de syllabes simples différentes ;

5° Voyelle prise entre deux consonnes ;

6° Consonne prise entre deux voyelles ;

7° Symphone avant ou après une voyelle ;

8° — entre deux voyelles ;

9° Rapprochement de deux voyelles (diphtongue);

10° Consonne précédant une diphtongue.

Si l'on veut bien remarquer que tous les défauts signalés plus haut et leurs similaires se rencontrent fatalement chez la plupart de nos élèves, on voit de quelle importance doivent être les exercices qui tendront à les faire disparaître.

Consonne précédant la voyelle. — Quoique la syllabe simple et directe (*pa, po, pou*) soit d'une émission relativement facile, il arrive fréquemment que l'élève prononce *pʌo* pour *po*, *pʌou* pour *pou*, *pʌi* pour *pi*, ou, en changeant la consonne : *tʌo*, *fʌo*, *cʌo*, etc. pour *to, fo, co*. Cela provient de ce que notre jeune sourd ne donne pas par avance à ses lèvres la position qui convient à la voyelle qui va suivre. Or, il est nécessaire que la consonne précédant une voyelle s'accomode de l'ouverture de bouche suffisant à la voyelle qui la suit, ce qui revient à dire, comme l'a fait remarquer M. J. Vatter, dans un travail sur cette question, « qu'il y a pour chaque consonne autant de variétés qu'il y a de voyelles avec lesquelles elle peut être accouplée ».

Le maître aura donc soin d'observer, en faisant

précéder chaque voyelle de chacune des consonnes enseignées, que son élève, avant même d'articuler la consonne, donne à sa bouche la disposition voulue pour l'émission de la voyelle qui va suivre. Sans cette précaution, un élément étranger viendra s'intercaler entre la consonne et la voyelle (*sᴀo, sᴋou, sᴇi* pour *so, sou, si*).

Consonne placée après la voyelle. — Ce que nous venons de dire pour la consonne placée avant la voyelle est aussi vrai pour la consonne placée après (syllabation inverse : *op, oup, ip*). La consonne qui clôt une syllabe doit être articulée avec l'ouverture de bouche convenant à la voyelle qui la précède ; car, s'il y a abaissement du menton ou déplacement des lèvres entre les deux éléments, un élément supplémentaire se glisse aussitôt (*oᴀl, ouᴀl, iᴀl*), pour *ol, oul, il*, etc.). De plus, l'écartement des commissures doit rester le même jusqu'à ce que l'explosion de la consonne soit bien terminée. Si un déplacement venait à se produire pendant cette explosion, l'enfant dirait *oulᴀ, capᴀ, visᴀ*, etc. pour *oul, cap, vis*.

Syllabe répétée. — Dans la prononciation d'un mot composé d'une même syllabe répétée, comprenant une consonne autre que les cinq labiales *p, b, m, f, v* (par exemple : toutou, coucou, titi, lili), les lèvres doivent conserver pendant toute la durée de la prononciation du mot la position de la voyelle qui redouble. Le jeune sourd-parlant, tout au contraire, a une tendance à quitter et à reprendre la position pour chaque syllabe, ce qui donne à son articulation plus de lourdeur, sans compter que des éléments étrangers intermédiaires peuvent se glisser dans ce passage d'une position à l'autre. Il arrive ainsi à dire *toaloa, louatoua, lielie*.

Il faut lui faire remarquer qu'une fois que la bouche a pris la forme voulue pour la voyelle à répéter, elle doit la garder et la langue seule doit se mouvoir pour la répétition de la consonne.

Quand la syllabe redoublée comprend une des cinq labiales *p, b, m, f, v*, les lèvres sont bien obligées de se déplacer pour articuler ces éléments, mais elles ne se déplacent que dans le sens vertical et non dans le sens horizontal, et il ne doit pas y avoir abaissement du menton. Par exemple, pour prononcer *popo, poupou, pépé; momo, moumou, mimi; fofo, foufou, fifi*, les lèvres ne se déplacent pas dans le sens horizontal entre la première et la deuxième syllabe. Or, le sourd-muet que l'on n'a pas exercé spécialement à observer cette loi, l'enfreint à tout coup et avance deux fois les lèvres pour prononcer *moumou, chouchou*, comme il écarte deux fois les commissures pour dire *fifi*, ce qui l'amène à prononcer *mouamoua* et *fiefie* (ou quelque chose d'approchant), pour *moumou* et *fifi*.

C'est surtout quand le mot contient deux fois la voyelle *i* ou deux fois la voyelle *ou* que ce déplacement est choquant et dangereux pour la bonne articulation, car ce sont les deux positions extrêmes que peuvent prendre les commissures des lèvres.

Faites prononcer à la suite l'un de l'autre, par un jeune sourd-parlant, les sept mots suivants :

chouchou, toutou, coucou, loulou, joujou, doudou,
gougou, il déplacera ses lèvres QUATORZE FOIS!
et elles ne doivent pas bouger.

Il en sera de même pour prononcer à la queue
leu-leu les mots *lili, quiqui, sisi, lili, didi, guigui* ou
des composés de ceux-là, comme *quiriquiqui.*

Il en sera de même enfin pour la prononciation de
tous les mots composés d'une même voyelle répétée
deux ou trois fois avec des consonnes autres que
p, b, m, f, v.

**Mots composés de syllabes simples diffé-
rentes.** — Ces mots sont très nombreux dans notre
langue, sinon les plus nombreux ; aussi leur consa-
crons-nous un paragraphe spécial dans cette énu-
mération, quoiqu'il n'y ait rien de spécial à dire à
leur sujet que ce que nous avons dit au sujet de
la syllabe simple directe (consonne précédant la
voyelle), et ce que nous allons dire dans les deux
paragraphes qui suivent.

Voyelle prise entre deux consonnes. — Dans
des syllabes composées d'une voyelle prise entre
deux consonnes (pap, pop, poup ; fat, fot, fout, etc.),
la bouche prend la forme de la voyelle avant l'articulation de la première consonne et garde cette
même position pendant l'articulation de la seconde.

Le sourd-parlant non exercé à cette particularité
fait trois mouvements.

**Consonne prise entre deux voyelles diffé-
rentes.** — Ici, nous prions notre lecteur de nous

accorder un redoublement d'attention ; car le point est délicat, et, par conséquent, important.

Pour l'articulation des consonnes intercalées entre deux voyelles différentes, il y a deux temps :

Premier temps : La bouche ayant encore la forme nécessitée par la première voyelle, la langue (ou les lèvres s'il s'agit d'une labiale) se déplacent pour la formation de la consonne ;

Deuxième temps : La langue ou les lèvres étant en place pour le jeu de la consonne, la forme de la bouche se modifie pour prendre la disposition qui convient à la voyelle qui va suivre. Exemple : gelé, jeté, opa, toupie, etc.

Par suite, si notre élève modifie la disposition buccale entre la première voyelle et la consonne ou si, avant d'articuler la consonne, il ne donne pas à sa bouche la disposition requise pour la seconde voyelle, des éléments intermédiaires viennent se mêler au mot prononcé et, dans le premier cas, il dira *jeɛté* pour *jeté*, *oʌpa* pour *opa;* dans le second cas, il prononcera *jetɛé* ou *gelɛé* pour *jeté* et *gelé.*

Symphones ou juxtaposition de consonnes. — Lorsque deux consonnes se suivent, elles doivent être articulées sans qu'il y ait modification de la forme de la bouche entre les deux, sinon on prononcera *sɛpa, sɛla,* pour *spa, sla.* Et elles doivent être formées avec la disposition buccale convenant à la voyelle qui les suit, sinon on prononcera *spɛa, stɛi* pour *spa, sti.*

Symphones entre deux voyelles différentes.
— Quand deux ou trois consonnes se trouvent prises
entre deux voyelles différentes, il se passe exactement ce que nous avons dit pour la simple consonne
prise entre deux voyelles. Il y a aussi deux temps.
Faute de les observer, le sourd-parlant dira *so*ᴀ*ldat*
ou *sold*ᴇ*at* pour *soldat*.

Diphtongues. — Dans l'émission des diphtongues
ia, io, iou, ieu, iu, ie (*e* muet), la première voyelle
est un peu sacrifiée à la seconde. Au moment où la
langue se met en place pour ı emission de la première, les lèvres ont déjà pris l'écartement horizontal
voulu pour la formation de la seconde. Il n'y a plus,
pour finir, qu'un abaissement de la mâchoire pendant lequel la langue prend la place qui convient à
l'émission de la seconde voyelle. Si notre jeune
sourd n'a pas soin de donner à ses lèvres la disposition nécessitée par la deuxième voyelle avant
d'émettre la première, il prononcera *i*ᴀ*o* pour *io*,
*i*ᴇ*ou* pour *iou*, etc.

**Consonne précédant une diphtongue. Arti-
culations complexes** *ill, gn.* — Quand on fait
précéder les diphtongues d'une consonne, on doit
s'assurer que la langue a pris, avant l'articulation
de la consonne, la position qui convient à la formation de l'*i*. De sorte que le *l*, le *t*, le *n*, par exemple,
ne sont plus prononcés comme normalement avec
la pointe de la langue placée derrière les incisives
supérieures, mais avec la face antéro-dorsale de la
langue.

Et ceci nous explique de la manière la plus simple et la plus exacte qui soit, à notre avis, le jeu des organes dans l'articulation de ces deux fameux éléments qui ont donné lieu à tant de controverses, le *ill* et le *gn*. Les uns ont voulu que ces deux éléments fussent des éléments simples exigeant une position des organes spéciale, d'autres — et ce sont les plus nombreux — ne voyaient dans le *ill* qu'un équivalent de *l + i*, dans le *gn* qu'un équivalent de *n + i*. Cette dernière manière de voir que nous avons partagée pendant quelque temps est presque aussi inexacte que la première. En effet, l'*i* ne subsiste pas complet à la suite de *l* ou de *n*. Nous venons de voir qu'il est déformé par la seconde voyelle à laquelle il est accouplé. Nous venons de voir, en outre, que toute consonne linguale, aussi bien le *t* et le *d*, que le *l* et le *n*, est également déformée par le voisinage de la diphtongue. Le *ill* n'est autre chose que le *l* placé devant une diphtongue et modifié comme nous avons vu par elle ; le *gn* n'est autre chose qu'un *n* placé devant une diphtongue et légèrement modifié par son contact avec elle (*poignard* = *poi + n + iar*, *poignet* = *poi + n + ié*, *baillon* = *ba + l + ion*, *bailleur* = *ba + l + ieur*.

PRINCIPE GÉNÉRAL. — Des observations qui précèdent ne peut-on induire un principe général qui les éclaire et les gouverne toutes ? Il nous paraît que si, et ce principe, le voici :

Le sourd-parlant a une tendance à revenir, après chaque syllabe, même après chaque élément de la syllabe, à une sorte de position neutre qui n'est ni celle de l'élément qu'il vient d'émettre, ni celle de l'élément qu'il va émettre, c'est la position de repos. M. J. Vatter l'appelle la « position d'indifférence ».

Il semblerait qu'après la production de chaque élément, les lèvres du jeune sourd sont ramenées comme malgré elles, ainsi qu'un ressort ou que la corde d'un arc qui revient chaque fois à la position de détente.

Ce retour à la position de repos amène des déplacements de la mâchoire ou des lèvres qui produisent les défauts que nous avons signalés et autres similaires.

Il faut donc éviter ces déplacements funestes à une bonne articulation et amener l'élève à passer de la position qu'il quitte à celle qu'il doit prendre par le plus court chemin, sans retour à un point de départ commun.

DE L'E MUET A LA FIN DES MOTS

Avant de clore cette préface, nous tiendrions à parler de l'*e* muet à la fin des mots, auquel il nous semble qu'on n'accorde pas l'attention qu'il mérite. Beaucoup de maîtres se contentent de le négliger et de le faire négliger par leurs élèves. Mais c'est qu'il n'est pas négligeable du tout. (Nous ne parlons pas des cas où il est précédé d'une voyelle et ne sert qu'à marquer le féminin, comme dans *pie, toupie, armée, tortue*). Et ne pas lui faire la place à laquelle il a droit, c'est ôter à la physionomie de la phrase prononcée un des éléments qui doivent concourir à l'harmonie générale dont nous parlions en commençant. Or l'*e* muet final ou son équivalent (*ent* à la 3e personne du pluriel de tous les temps et de tous les verbes) se présente certes assez fréquemment.

Procédons toujours par exemples : n'est-il pas évident que les mots *cape* et *cap* ne se prononcent pas exactement la même chose? De même pour les mots *mal* et *malle*; *but* et *butte*; *original, originale*; *banal, banale*, etc. etc.

Cependant cela devrait être si l'*e* muet était absolument négligeable. Quelques maîtres, préoccupés de l'importance de l'*e* muet, le font prononcer résolument, à la façon des gens du peuple dans le Midi. Ceux-ci ont aussi peu raison que ceux-là.

Pour l'articulation de l'*e* muet à la fin des mots, les lèvres et la langue prennent la position voulue pour le prononcer, mais les cordes vocales ne vibrent pas, voilà tout. Exemple : *carafe, tasse, coupe, butte*, etc.

Il est donc bien nommé *e* MUET. C'est un *e* chuchoté.

Si l'on rapproche ce que nous venons de dire de l'*e* muet, de ce que nous avons dit des consonnes *l* et *n* placées devant une diphtongue, on se rendra compte que les consonnes *n* et *l* placées devant la diphtongue *ie* (*e* muet) ne sont autre chose que *ill* et *gn* suivis d'un *e* muet.

Par exemple, *vigne* peut se décomposer ainsi :

vi + *n* + *ie* (*e* muet) ; *paille* = *pa* + *l* + *ie* (*e* muet).

J'espère avoir démontré qu'un syllabaire (ou une série de tableaux de syllabation) est utile dans l'enseignement de la lecture au sourd-parlant non seulement pour le familiariser avec les caractères typographiques, — ce qui n'est pas une difficulté pour nous ; — mais surtout pour le rompre à observer les déformations que subissent les éléments de la parole en s'associant pour former des syllabes et des mots et l'amener ainsi à pouvoir lire à haute voix d'une manière intelligible.

Le petit livre que publie aujourd'hui M. le directeur de l'école des sourds-muets de Limoges, conçu comme il l'est, répond donc à un besoin et je remercie cordialement M. Camailhac d'avoir bien voulu me confier le soin de faire précéder son travail de ces quelques notes.

L. Goguillot.

PREMIÈRE PARTIE

ÉTUDE DES SONS

PREMIER GROUPE

SONS GUTTURAUX

a o ou

SONS ÉQUIVALENTS

a â ha hâ

o ô ho

au eau hau aux eaux

ou hou

DEUXIÈME GROUPE

SONS LINGUO-PALATINS

è é i

SONS ÉQUIVALENTS

è ê ai ci

é ai ei er et

i î y ie

TROISIÈME GROUPE

SONS LABIO-LINGUO-PALATINS

e eu u

SONS ÉQUIVALENTS

eu œu eux

u û

DEUXIÈME PARTIE

ÉTUDE DES ARTICULATIONS

PREMIER GROUPE

EXPLOSIVES MUETTES

p t k

ÉQUIVALENCES

k c qu

SYLLABES DIRECTES

pa po pou
pè pé pi
pe peu pu

ta   to   tou
tè   té   ti
te   teu   tu

ka   ko   kou
ca   co   cou
qua   quo

kè   ké   ki
què   qué   qui
ke   keu   ku
                cu

que   queu

APPLICATIONS

cou, peau, pic, pot, ca pe,
cô te, co ke, cou pe, cou teau,
co peau, cou cou, é pi, é pée,
é tau, ké pi, pa pa, pà te, pi pe,
pa quet, pi que pi quet, po teau,
pou pée, ta pe, tê te, ti ket,
tou pie, ta pis, tau pe, ca po te,
ca ca o.

DEUXIÈME GROUPE

EXPLOSIVES SONORES

B D G

ÉQUIVALENCES

G Gu

SYLLABES DIRECTES

ba bo bou
bè bé bi
be beu bu

da do dou
dè dé di
de deu du

ga go gou gu
gua gué gui gueu

APPLICATIONS

bas, beau, dé, dais,
a bée, ba ba, ba gue, ba teau,

ba quet, bé bé, bê te, bi det,
bou quet, ca bas, cou de, da da,
da gue, do do, gâ teau, go det,
guê pe, gui de, ha bit, hi bou,
bou ti que.

TROISIÈME GROUPE

SIFFLANTES MUETTES

F S Ch

ÉQUIVALENCES

f ph

s ç

ch sh

SYLLABES DIRECTES

fa	fo	fou
pha	pho	phou
fè	fé	fi
phè	phé	phi
fe	feu	fu
phe	pheu	phu
sa	so	sou
ça	ço	
sè	sé	si
cè	cé	ci
se	seu	su
ce	ceu	çu

cha   cho   chou
sha   sho   shou
chè   ché   chi
che   cheu   chu
she   sheu   shu

APPLICATIONS

chat, chou, chaux, feu, fou,
faux, saut, sou, seau,
a chat, bâ che, bî che, bû che,
bo ssu, bê che, bou che, ca fé,
châ teau, cha peau, dou che,
fa ce, fa got, fi gue, ha che,
pê che, pou ce, po che, sa bot,
sou pe, ta che, sha ko,
fa ça de, é cha faud, sou cou pe.

QUATRIÈME GROUPE

SIFFLANTES SONORES

V Z J

ÉQUIVALENCES

s se prononce z entre deux voyelles

SYLLABES DIRECTES

va	vo	vou
vè	vé	vi
ve	veu	vu
za	zo	zou
zè	zé	zi
ze	zeu	zu

ja   jo   jou

jè   jé   ji

gè   gé   gi

je   jeu   ju

ge

APPLICATIONS

veau, pa vé, pi vot, fè ve, pa vot,
ca ve, che veu, ci seau, va che,
chai se, ca ge, bai ser, be sa ce,
bi jou, fu sée, pa ge, fu sée,
a ca jou, ca vi té, é vè que, ta-
pa ge.

CINQUIÈME GROUPE

NASALES

M N

SYLLABES DIRECTES

ma	mo	mou
mè	mé	mi
me	meu	mu
na	no	nou
nè	né	ni
ne	neu	nu

APPLICATIONS

niz, nez, nœud,

â ne, au ne, chaî ne, cha meau,
che net, cô ne, da me, dô me,
fu mée, ge nou, jau ne, mou che,
mè che, na vet, ni veau, nei ge,
ta mis,

a bî me, a ma dou, a to me,
ba bi ne, bo bi ne, ca na pé,
ca ba ne, dé ci me, do mi no,
ca de nas, che mi née, che mi se,
é chi ne, é pi ne, i ma ge, ma-
chi ne, mi tai ne, nu a ge, pa na-
che, sa me di, to ma te, tu ni que,
a ca dé mie, au bé pi ne, ca pi-
tai ne, Ai mé, De nis, A mé dée,
De ni se, É mi le, É mi lie,
Eu gè ne, A mé lie.

SIXIÈME · GROUPE

LINGUALES

L R

SYLLABES DIRECTES

la	lo	lou
lè	lé	li
le	leu	lu
ra	ro	rou
rè	ré	ri
re	reu	ru

APPLICATIONS

lait, lit, loup, rat, roue,
ai le, bou le, ba lai, bé ret, ca le,
châ le, ci re, fa lot, fo rêt, gi let,
ki lo, la cet, lai ne, lo quet, la vé,
ly re, lo to, li me, la me, mire,
pou le, pou let, pou lie, ri deau,
ri pe, ri re, ri vet, râ teau,
ra bot, ra dis, ra pe, rô ti, ro be,
ro se, rou leau, rou et, ru che,
ra ve, sou ris, tou rie, zé ro,
a lè ne, a rê te, ba lei ne, ca -
li ce, ca nu le, ca li cot, ci ga re,
ca ra fe, ce ri se, cha lou pe,
ca lè che, cou po le, cha lu meau,
cho co lat, co lè re, ci ra ge,

cha pe let, che va let, é co le,
é pau le, é to le, fi gu re, fa ri ne,
fé ru le, gi ra fe, gui ta re, ha ri-
cot, ka o lin, la va bo, lé gu me,
li qui de, ma la de, na vi re,
nu mé ro, na ri ne, o li ve,
o ra ge, pe lo te, pe lu re, pi -
lu le, ra ci ne, ré si ne, ro bi net,
sa la de, sa li ve, sé bi le,
ta bou ret, va li se, vi pè re,
vi ro le,

ca mi so le, ca pe li ne, en ge -
lu re, lo co mo ti ve, ma ca ro ni,
ti re li re.

Ma rie, A mé lie, Mé la nie,
Ro sa lie, Va lé rie.

TROISIÈME PARTIE

ÉTUDE DES SYLLABES INVERSES

Rapprochements avec les syllabes directes

pa ap ta at ca ac
po op to ot co oc
pou oup tou out
cou ouc
pi ip ti it
pe ep te et
pu up tu ut cu uc

ba ab da ad ga ag
bo ob do od go og
bou oub dou oud

be   eb   de   ed
bi   ib   di   id
bu   ub   du   ud   gu   ug

---

fa   af   pha   aph   sa   as
fo   of   pho   oph   so   os
fou   ouf   sou   ous
fe   ef   phe   eph   se   es
fi   if   phi   iph   si   is
fu   uf   phu   uph   su   us

---

la   al   ra   ar
lo   ol   ro   or
lou   oul   rou   our

le el   re er
li il   ri ir
lu ul   ru ur

APPLICATIONS

as, os,

ab cès, ar che, ar chet, ar me,

har pe, her be, hos tie, or ge,

or tie,

ab do men, ab si de, ac ci dent,

al ca li, al cô ve, al pha bet,

ar ca de,

ar mu re, ar ti chaut, é bu ard,

es ca beau, hal tè re, hor lo ge,

Ar sè ne,

QUATRIÈME PARTIE

ÉTUDE DES CONSONNES DOUBLES

équivalant à une consonne simple

---

p	t	kc
pp	tt th	cc cq

---

b	d	g
bb	dd	gg

---

f	s
ff	ss sc

---

m   n

mm   nn

---

l   r

ll   rr   rh

---

ppa	ppo	ppou
ppi	ppe	ppu
lla	llo	llou
lli	lle	
tha	tho	thou
thi	the	thu

cca	cco	ccou
		ccu
cqué	cqui	cque
bba	bbo	bbou
bbé	bbi	bbu
ffa	ffo	
ffé	ffi	ffu
ssa	sso	ssou
ssè	ssé	ssi
sse	sseu	ssu
mma	mmo	

mmé   mmi
mme   mmu

---

nna   nno
nné   nni
nne   nnu

---

lla   llo   llou
llè   llé   lli
lle   lleu   llu

---

rra   rro   rrou
rha   rho   rhou

rrè   rré   rri
rhè   rhé   rhi
rre   rreu   rru
rhe   rheu   rhu

APPLICATIONS

a nneau,   ba lle,   ba llot,
ba nne,   beu rre,   bo tte,   ca nne,
cha rrue,   co lle,   fau sset,
gou sse,   gou tte,   go mme,
mou sse,   mo nnaie,   na ppe,
na tte,   sa lle,   sa rrau, so cque,
ta sse,   te rre,   to nneau,   vaisseau,   ve rre,   ve ssie,   ve rrou,
bo nnet,   fe mme,   ma lle,
po mme.

a can the, é che lle, cou ro nne,
ca ro tte, a sse tte, bé cas sse,
ca sse tte, é cha sse, e sse tte,
a ba ttis, aba ttoir, ba gue tte,
ba ve tte, bo tti ne, cha rre tte,
cu ve tte, ja que tte, ai sse lle,
ba rri que, bou sso le, bu re tte,
ca lo tte, co lli ne, co lo nne,
lu ne tte, mou che ttes, pa -
le tte, pe rro quet, se me lle,
po mma de, se ne lle, sau -
ci sse, se rru re, te rri ne,
ti ne tte, so nne tte,
a cco la de, a llu me tte, be -
tte ra ve, ca sse ro le,
hi ppo po ta me,
A nne, Jea nne, Ja cques,
Thè rè se.

CINQUIÈME PARTIE

ÉTUDE DES SONS NASAUX

---

an on in un

ÉQUIVALENCES

an am en em ean

on om eon aon

in im ein

ain aim yn ym

un un eun

ien ian iam ion

yen oin uin

---

pan pon pin pun
tan ton tin tun
kan kon kin kun
can con

———

ban bon bin bun
dan don din dun
gan gon

———

fan fon fin fun
phan phon phin phun
san son sin sun
chan chon

———

van von vin vun
zan zon zin zun
jan jon jin jun

---

man mon min mun
nan non nin nun

---

lan lon lin lun
ran ron rin run

APPLICATIONS

le banc[1], le bain, le chien, le coin, la main, la dent, le foin, le gond, le gant, le lion, le

(1) c, d et t sont nuls à la fin dés mots.

vent, le pain, le poing, le pont,
le sang, le vin, le paon,
un aimant, un ajonc, un ange,
un andain, un album, une anse,
le boulon, le bassin, le bidon,
le boudin, le bonbon, le bâton,
le ballon, le bouton, le bouchon,
le camion, le chausson, le chemin, le chiffon, le cochon, le
cocon, le coton, le coussin, le
canon, la chanson, le compas,
le charron, le dessin, le dindon,
le divan, un enfant, le fanion,
le faisan, la fente, la fonte, le
gamin, le galon, le héron, le
jalon, le jupon, le jambon, la
jambe, la lance, la langue, le

lapin, le linge, la lampe, le
maçon, la maison, le manche,
le manchon, le manteau, le me-
lon, le mulon, le marron, le
matin, le mouton, le menton,
le moulin, le palan, le patin,
le pilon, le piton, le pendant,
la pompe, la pointe, le pinceau,
le pigeon, le pantin, le pinson,
le requin, la ronde, le ruban,
le raisin, le sapin, le savon, le
singe, le talon, le tison, le tom-
beau, le vagon,
une amande, un agenda, un
aliment, une amphore, une am-
poule, la balance, le bandage,
la banquette, la benzine, le

biberon, le calepin, le capuchon, la ceinture, la chandelle, le cornichon, la dentelle, le dentiste, un échelon, un éléphant, un éperon, le forgeron, la fontaine, un hanneton, un hérisson, la lanterne, une orange, le panonceau, le pantalon, la pendule, la pincette, la peinture, le saucisson, la seringue, la timbale,

la banderole, la confiture, le cure-dent, le tire-bouton, le tire-bouchon,

Jean, Léon, Henri, Simon, Vincent, Alphonse.

SIXIÈME PARTIE

ÉTUDE DES DIPHTONGUES

---

ia ya

io iau yo yau

iè yè

ié iai

oi oy

iu ui

ieu yeu

iou oui

---

pia pio piou

piè pié poi pui

tia tio tiou

tiè tié toi tui

bia bio biou

biè bié boi bui

dia dio diou

diè dié doi dui

fiè fié foi fui

sia sio siou

sié soi sui sieu

via vio vié voi vieu

mia mio miou
miè mié moi mieu
nia nio niou
niè nié noi nui
lia lio liou
liè lié loi lui lieu
ria rio riou
rié roi rui rieu

APPLICATIONS

le doigt, le fouet, la noix, le
pied, le poids, le pois, les yeux,
un appui, le bélier, la bielle,
la bière, la boîte, le collier, la
courroie, la caisse, le diamant,
le dossier, un étui, un essieu,

la fiole, une huile, une hyène,
le laurier, le levier, le miel, le
moineau, le mortier, le noyau,
un oiseau, un panier, le papier,
le piano, la pioche, la poire, la
pierre, le poisson, la toile, la
tuile, le voile, le violon, la viande,
un acacia, une armoire, une
ardoise, une assiette, un béni-
tier, la civière, la cuillère, le
diapason, la doloire, la dossière,
un encrier, un escalier, la mâchoire, la ratière, la sciure, la
serviette, la tarière, la voiture,
le chandelier,

la balançoire, le chauffe-pieds,
la tabatière, la jarretière, la ca-
fetière, la rôtissoire,

Benoît, Pierre, Antoine, Étienne.

SEPTIÈME PARTIE

gn ill [1]

SYLLABES DIRECTES

gna gno gné gni gne
illa illo illé   ille

APPLICATIONS

un ail,

un caillou, une feuille, la houille,

le maillet, la paille, le peigne,

(1) Ces deux articulations ne doivent être enseignées qu'après les diphtongues parce qu'elles s'obtiennent en faisant suivre d'un i les lettres n ou l, et en ayant soin de les réunir rapidement au son qui les suit.

Ex. : agneau se prononce aniau, peigne se prononce peinie.

le poignet, la quille, un orteil,
le portail,
une abeille, un agnelet, une aiguille, un aiguillon, une anguille, un arrosoir, une andouille, une araignée, la baignoire, le champignon, la chenille, la cheville, la coquille, le durillon, un éventail, la faucille, le fauteuil, la lentille, la médaille, le médaillon, la montagne, une oreille, le papillon, la quenouille, la tenaille, la torpille, le vigneron,
le coquillage, la bouteille,
Camille, Guillaume.

HUITIÈME PARTIE

ÉTUDE DES SYLLABES CLOSES

pal pol poul pil
pel pul

pac poc pic pec puc
par por pour pir
per pur

pas pos pis pes pus
tac toc tic tec tuc
tal tol toul til tel tul
tar tor tour tir ter tur
tas tos tous tis tes tus

cal col coul cul

kal kol koul kil

kel kul

quel

cap cop coup

car cor cour cur

kar kor kour kir

ker kur

cas cos cus

kas kos kis kus

bal bol boul bil

bel bul

bac boc bouc bic

bec buc

bar bor bour bir
ber bur
bas bos bous bis
bes bus

dac doc dic dec duc
dal dol dil del dul
dar dor dir der dur
das dos dis des dus

gal gol goul gul
gar gor gour gur
gas gos gus

fac foc fic fec fuc
fal fol foul fil fel ful

far for four fir fer fur
fas fos   fis fes fus

phar phil phos

sac soc sic sec suc

sal sol sil sel

sar sor sour sir ser sur

choc chic

char cher

chas

val vol vil vel vul

var vir ver

vas vis ves

mal mol mil mul

mar mor mir mer mur

mas mis

lac loc lic lec luc

lar lor

las los lis les lus

rep ris res rus

APPLICATIONS

le bal, le bac, le bol, le bœuf, le cerf, le col, le cor, le coq, la cour, le choc, le fil, le four, le dard, le lac, le mur, le mil, le mal, le noir, le roc, le soc, le sourd, le pic, le poil, le sac, la vis, le vert,

un autel, le balcon, la barbe, le baril, la barque, le battoir, le bazar, le berceau, la bourse, le bocal, le canard, le canif, la carpe, la carte, le carton, le cordon, la corde, le casque, le castor, le cerceau, la charpie, le cheval, le corbeau, le corset, le couvert, le dortoir, le fardeau, le foulard, la fourche, le fourneau, le fusil, le homard, le jardin, le journal, le lézard, le lorgnon, le miroir, le mouchoir, le marteau, un obus, la perle, la polka, la porte, la poste, le piston, le renard, la serpe, le serpent, le soldat, le tabac, le torchon, le tambour, la tortue, la tourte, la vasque, la verge, la valse, la veste,

un alcazar, un almanach, un amiral, un alambic, une amorce, un animal, un aqueduc, un arsenal, une asperge, une auberge, une averse, une bascule, le bilboquet, le bistouri, la cartouche, le caporal, la cocarde, le dévidoir, une écharpe, la fourchette, la guimbarde, une imposte, la

marmite, la mortaise, la mor-
sure, la moutarde, la pastille,
le pistolet, le sécateur, le sourd-
muet, la varlope,

un accordéon,

Paul,

Albert, Bernard, Berthe,
Charles, Georges, Gilbert, Gas-
ton, Germain, Joseph, Justin,
Marcel, Martin, Marthe, Victor,
Adolphe, Mathilde, Martial,
Virginie.

NEUVIÈME PARTIE

ÉTUDE DES ARTICULATIONS COMPLEXES

I

pl pr tr cl cr
bl br dr gl gr
fl fr

vr

II

sp st sc squ
sl sm sb sf

ps

spl str scl spr scr

III

scé scè sci scep
scha sche schis[1]

IV

X

Cette articulation équivaut, suivant les cas,
à cs ou gz.

———

pla plo plou
plè plé pli
ple pleu plu
pra pro prou

(1) Dans toutes ces syllabes le s est nul.

prè	pré	pri
pre	preu	pru
tra	trou	trou
trè	tré	tri
tre	treu	tru
cla	clo	clou
clè	clé	cli
cle	cleu	clu
cra	cro	crou
crè	cré	cri
cre	creu	cru
bla	blo	blou
blè	blé	bli

ble	bleu	blu
bra	bro	brou
brè	bré	bri
bre	breu	bru
dra	dro	drou
drè	dré	dri
dre	dreu	dru
gla	glo	glou
glè	glé	gli
gle	gleu	glu
gra	gro	grou
grè	gré	gri
gre	greu	gru

fla   flo   flou

flè   flé   fli

fle   fleu   flu

fra   fro   frou

frè   fré   fri

fre   fru

vra   vré   vri

spa spo spé spi

sta sto sté sti stu

sca sco sque squi

scla sclo sclé

stra stro stré stri scru

plan plon plin

pran pron prin prun

tran tron trin

clan clon clin

cran cron crin

blan blon blin

bran bron brin brun

dran dron drin drun

glan

gran gron grin

flan flon flin

fran fron frin

APPLICATIONS

le blanc, le bleu, le crin, la
croix, le drap, la fleur, le front,
le gland, le gril, le noir, le trou,
un abri, un aigle, une ancre,
un arbre, la blague, le blason,
la blouse, la braise, la branche,
le brancard, le briquet, le bugle,
la brosse, le cable, le cadre, la
cendre, le cercle, le chanvre, la
chèvre, le citron, le clairon, la
claque, la classe, le coffre, le
crachat, le crapaud, le cresson,
le crible, le crochet, la cruche,
la croisée, la croûte, le cruchon,
un écran, un écrin, un écrou,

un étrier, le filtre, la flamme,
le fléau, la flûte, la fraise, la
France, la fronde, la gifle, le
globe, la graisse, la graine, la
grappe, le grelot, la lettre, la
lèvre, le lièvre, le litre, le livre,
le marbre, le mètre, la montre,
un ongle, le placard, le plafond,
la plane, la planche, la plaque,
la plume, le plumier, le plu-
meau, le pruneau, la rafle, la
règle, le sable, le sabre, le
sifflet, le soufflet, la statue, le
store, le sucre, le sucrier, la
table, le tableau, le tigre, le
tablier, le timbre, le tricot, le
tronchet, le ventre, la vrille,

un abricot, une agrafe, une aigrette, une autruche, un aveugle, la bretelle, la brouette, la couleuvre, la cravate, la crécelle, une église, un emplâtre, une enclume, une enflure, une épingle, la fenêtre, le fromage, la grenouille, une ombrelle, le pétrole, la poitrine, la praline, le pupitre, la spirale, le squelette, le trombone, le vinaigre, la balustrade, le candélabre, la clarinette, le crocodile, une écritoire, le porte-plume, le vilebrequin,

.François, André, Clotilde, Frédéric.

xa xo xé xi xe xu

APPLICATIONS

la taxe, le luxe,
un examen, le saxophone,
Félix.

NOTE. — L'enfant sait maintenant une certaine quantité de noms dont il peut montrer les objets qu'ils désignent. C'est le moment de l'initier à la connaissance de l'adjectif. Nous croyons qu'il est bon de commencer par les adjectifs de couleur, de forme et de dimension, parce que l'enfant peut plus facilement associer à l'objet les qualités que ces adjectifs représentent.

Pour cette étude on emploiera le verbe être dont un des termes devient nécessaire entre le nom et l'adjectif.

DIXIÈME PARTIE

ÉTUDE DE LA PHRASE ÉLÉMENTAIRE
Noms accompagnés d'un adjectif

ADJECTIFS DE COULEUR

le coke est noir,
l'épi est jaune,
la pipe est blanche,
la poupée est blanche,
la toupie est rouge,
la taupe est noire,
la bague est jaune,
le bateau est vert,
le chou est vert,
le chat est gris,
le chapeau est noir,
la soucoupe est blanche,
le pavé est gris,
la fève est blanche,
la vache est jaune,
la page est blanche,
la neige est blanche,
le canapé est bleu,
la chemise est blanche,

le panache est rouge,
la tomate est rouge,
le lait est blanc,
le rat est noir,
la boule est rouge,
la laine est bleue,
la poule est grise,
le rideau est bleu,
le radis est rouge,
le calicot est blanc,
la cerise est rouge,
le chocolat est brun,
le cirage est noir,
le kaolin est blanc,
la salade est verte,
le tabouret est bleu,
la camisole est noire,
la capeline est bleue,
le macaroni est blanc,

l'ardoise est grise,
l'artichaut est vert,
la tasse est blanche,
le beurre est blanc,
la gomme est grise,
la colle est jaune,
la terre est grise,
la mousse est verte,
la pomme est verte,
la betterave est rouge,
le chien est gris,
la dent est blanche,
le sang est rouge,
le vin est rouge,
le ballon est violet,
le bouton est noir,
le chiffon est violet,
le coton est bleu,
le dessin est rouge,
le fanion est violet,
la fonte est grise,
le galon est bleu,
le pigeon est blanc,
le pantin est rouge,
le ruban est violet,
le raisin est vert,
le savon est jaune,

la viande est rouge,
le capuchon est brun,
la ceinture est grise,
la chandelle est blanche,
le cornichon est vert,
la dentelle est blanche,
l'orange est jaune,
le pantalon est noir,
la timbale est blanche,
le bélier est blanc,
la bière est jaune,
la boîte est bleue,
le laurier est vert,
le miel est jaune,
la poire est verte,
la pierre est grise,
la tuile est rouge,
la toile est blanche,
l'encrier est noir,
la serviette est blanche,
le bol est blanc,
le bœuf est jaune,
le col est blanc,
le fil est noir,
le carton est rouge,
le cordon est violet,
le corbeau est noir.

Adjectifs de forme et de dimension

la pique est longue,
le dé est rond,
la bague est ronde,
le bateau est grand,
le gâteau est mince,
le chat est petit,
le chou est gros,
le château est grand,
le chapeau est rond,
le fagot est gros,
la pêche est ronde,
la tache est petite,
le pivot est court,
la vache est grosse,
la cage est grande,
la chaîne est longue,
le navet est rond,
la bobine est ronde,
la cheminée est haute,
la machine est grande,
le nuage est haut,
le lit est petit,
la boule est ronde,
la forêt est grande,
le lacet est court,
la lame est courte,
la poule est grosse,
le poulet est petit,
le rouleau est rond,
le cigare est rond,
le navire est grand,
la pelote est petite,
la vipère est courte,
l'ardoise est carrée,
l'anneau est rond,
la tasse est ronde,
le vaisseau est grand,
le ballot est gros,
la canne est petite,
le verre est petit,
le tonneau est gros,
l'échelle est longue,
la couronne est ronde,
la baguette est courte,
la barrique est grosse,
la colonne est haute,
le banc est court,
le chien est gros,
le lion est gros,
le pont est haut,
le boulon est court,
le bouton est rond,

le canon est gros,
le jalon est long,
la jambe est grosse.
la maison est petite,
le mouton est gros,
l'éléphant est gros,

la boîte est carrée,
le noyau est rond,
le cheval est gros,
le livre est carré,
la faucille est courbe,
la marmite est grosse.

Aliments. — Boissons

la pâte est un aliment, le cacao est un aliment, le gâteau est un aliment, le café est une boisson, la soupe est un aliment, le lait est une boisson, le radis est un aliment, le chocolat est un aliment, la farine est un aliment, le macaroni est un aliment, le beurre est un aliment, la saucisse est un aliment, le vin est une boisson, le boudin est un aliment, le jambon est un aliment, le marron est un aliment, le saucisson est un aliment, la confiture est un aliment, la noix est un aliment, la bière est une boisson, le miel est un aliment, le poisson est un aliment, la viande est un aliment, le lard est un aliment, la tourte est un aliment, l'andouille est un aliment, le pain est un aliment, l'eau est une boisson, le cresson est un aliment, le vinaigre est une boisson.

Fleurs. — Fruits. — Arbres. — Légumes

le chou est un légume, la figue est un fruit, la
pêche est un fruit, la fève est un légume, le navet
est un légume, la rave est un légume, la cerise
est un fruit, le haricot est un légume, la salade
est un légume, l'artichaut est un légume, la
pomme est un fruit, la carotte est un légume, le
marron est un fruit, le raisin est un fruit, l'amande
est un fruit, l'orange est un fruit, la noix est un
fruit, la poire est un fruit, le sapin est un arbre,
l'asperge est un légume, le gland est un fruit,
le citron est un fruit, la rose est une fleur, la
fraise est un fruit, le pruneau est un fruit, l'abricot
est un fruit, le chêne est un arbre, la tulipe est
une fleur, le réséda est une fleur, la châtaigne
est un fruit, la jacinthe est une fleur, le cerisier
est un arbre.

Insectes. — Reptiles. — Oiseaux. — Poissons

le coucou est un oiseau, la guêpe est un insecte,
le hibou est un oiseau, la mouche est un insecte,
la vipère est un reptile, le perroquet est un
oiseau, le paon est un oiseau, le dindon est un
oiseau, le faisan est un oiseau, le héron est un
oiseau, le pigeon est un oiseau, le pinson est

un oiseau, le requin est un poisson, le hanneton est un insecte, le moineau est un oiseau, le coq est un oiseau, le canard est un oiseau, la carpe est un poisson, le corbeau est un oiseau, le lézard est un reptile, le serpent est un reptile, la tortue est un reptile, l'abeille est un insecte, l'anguille est un poisson, l'araignée est un insecte, la chenille est un reptile, le papillon est un insecte, le crapaud est un reptile, l'autruche est un oiseau, la couleuvre est un reptile, la grenouille est un reptile, le crocodile est un reptile.

Animaux sauvages. — Animaux domestiques

la taupe est un animal sauvage,
le chat est un animal domestique,
la biche est un animal sauvage,
la vache est un animal domestique,
le chameau est un animal domestique,
le loup est un animal sauvage,
le rat est un animal sauvage,
la girafe est un animal sauvage,
l'hippopotame est un animal sauvage,
le chien est un animal domestique.
le lion est un animal sauvage,
le cochon est un animal domestique,
le mouton est un animal domestique,

le singe est un animal sauvage,
l'éléphant est un animal sauvage,
le hérisson est un animal sauvage,
la hyène est un animal sauvage,
le bœuf est un animal domestique,
le cerf est un animal sauvage,
le castor est un animal sauvage,
le cheval est un animal domestique,
le renard est un animal sauvage,
l'agneau est un animal domestique,
la chèvre est un animal domestique,
le lièvre est un animal sauvage,
le tigre est un animal sauvage.

Outils d'agriculture. — Instruments de musique. — Ustensiles de cuisine

le seau est un ustensile de cuisine,
la bêche est un outil d'agriculture,
le falot est un ustensile de cuisine,
le râteau est un outil d'agriculture,
la râpe est un ustensile de cuisine,
la carafe est un ustensile de cuisine,
la guitare est un instrument de musique,
la harpe est un instrument de musique,
la charrue est un outil d'agriculture,
le verre est un ustensile de cuisine,

la cuvette est un ustensile de cuisine,
la terrine est un ustensile de cuisine,
la casserole est un ustensile de cuisine,
le bassin est un ustensile de cuisine,
le pilon est un ustensile de cuisine,
la lanterne est un ustensile de cuisine,
la pincette est un ustensile de cuisine,
le tire-bouchon est un ustensile de cuisine,
le panier est un ustensile de cuisine,
la pioche est un outil d'agriculture,
le violon est un instrument de musique,
la bouteille est un ustensile de cuisine,
le bol est un ustensile de cuisine,
le cor est un instrument de musique,
le pic est un outil d'agriculture,
la faux est un outil d'agriculture,
la fourche est un outil d'agriculture,
la faucille est un outil d'agriculture,
le tambour est un instrument de musique,
la serpe est un outil d'agriculture,
la fourchette est un ustensile de cuisine,
la guimbarde est un instrument de musique,
la marmite est un ustensile de cuisine,
le sécateur est un outil d'agriculture,
le gril est un ustensile de cuisine,
le bugle est un instrument de musique,
le clairon est un instrument de musique,
la flûte est un instrument de musique.

Vêtement d'homme

Le vêtement d'un homme comprend : le chapeau, la casquette, le bonnet, la chemise, le col, les manchettes, les gants, le gilet, le paletot, la redingote, le pantalon, le caleçon, les chaussettes, les sabots, les souliers, les pantoufles, la cravate, le pardessus, le manteau.

Vêtement de femme

Le vêtement de la femme comprend : le chapeau, le bonnet, la capeline, la robe, le jupon, le corset, le corsage, la chemise, le châle, le fichu, la pélerine, la ceinture, la voilette, le tablier, le pantalon, les bas, les jarretières, les souliers, les bottines, le manchon, le manteau.

Le corps de l'homme

Le corps se divise en trois parties principales : la tête, le tronc et les membres.

La tête est jointe au tronc par le cou.

La partie en avant de la tête se nomme visage et se compose du front, des yeux, du nez, de la bouche, du menton et des oreilles.

Les deux trous qu'on voit dans le nez sont les narines.

Le tronc comprend les épaules, le dos, la poitrine, les flancs, les hanches, le ventre.

Les membres sont les bras et les jambes.

Le coude est l'endroit où se réunissent le bras et l'avant-bras.

La main se divise en quatre parties : le poignet, le dos, la paume de la main et les doigts.

Les doigts se nomment : pouce, index, majeur, annulaire et auriculaire.

Le genou est l'endroit où se réunissent la cuisse et la jambe.

Le pied se compose du coude-pied, de la plante du pied, du talon et des orteils.

Les cent premiers nombres

UNITÉS

un...............	1	six	6
deux...........	2	sept	7
trois...........	3	huit	8
quatre	4	neuf.............	9
cinq...........	5	dix	10

DIZAINES

une dizaine......	10	six dizaines......	60
deux dizaines	20	sept dizaiues.....	70
trois dizaines	30	huit dizaines.....	80
quatre dizaines...	40	neuf dizaines.....	90
cinq dizaines.....	50	dix dizaines......	100

Première dizaine

Deuxième dizaine

Troisième dizaine

Quatrième dizaine

Cinquième dizaine

Sixième dizaine		**Huitième dizaine**	
soixante	60	quatre-vingts.....	80
soixante-un......	61	quatre-vingt-un...	81
soixante-deux....	62	quatre-vingt-deux.	82
soixante-trois....	63	quatre-vingt-trois.	83
soixante-quatre ..	64	quatre-vingt-quatre....	84
soixante-cinq.....	65	quatre-vingt-cinq.	85
soixante-six	66	quatre-vingt-six ..	86
soixante-sept	67	quatre-vingt-sept.	87
soixante-huit.....	68	quatre-vingt-huit .	88
soixante-neuf	69	quatre-vingt-neuf.	89

Septième dizaine		**Neuvième dizaine**	
soixante-dix	70	quatre-vingt-dix ..	90
soixante-onze	71	quatre-vingt-onze.	91
soixante-douze...	72	quatre-vingt-douze	92
soixante-treize ...	73	quatre-vingt-treize	93
soixante-quatorze.	74	quatre-vingt-quatorze..	94
soixante-quinze...	75	quatre vingt-quinze...	95
soixante-seize....	76	quatre-vingt-seize.	96
soixante-dix-sept.	77	quatre-vingt-dix-sept ..	97
soixante-dix-huit.	78	quatre-vingt-dix-huit ..	98
soixante-dix-neuf.	79	quatre-vingt-dix-neuf ..	99

ALPHABET MAJUSCULE ET MINUSCULE
en cursive

A B C D E

a b c d e

F G H I J

f g h i j

K L M N O

k l m n o

P Q R S T

p q r s t

U V X Y Z

u v x y

Tours, imp. Deslis frères, 6, rue Gambetta.